(318e) Collection de M. JEFFERYS

ESTAMPES

MODERNES

DES MAITRES GRAVEURS AU BURIN

Les plus renommés

SPLENDIDES ÉPREUVES D'ARTISTES

ET AVANT LA LETTRE

Lithographies, Photographies, Dessins

Tableaux

AUTOGRAPHES DE MUSICIENS

VENTE

Le Lundi 17 Mars 1873

Me ESCRIBE
COMMISSAIRE-PRISEUR

M. VIGNÈRES
MARCHAND D'ESTAMPES

PARIS — 1873

Ves RENOU, MAULDE et COCK, imprs de la Compagnie des Commissaires-Priseurs, rue de Rivoli, 144. 28312

(318e)

CATALOGUE

ESTAMPES

DES MAITRES GRAVEURS MODERNES

Les plus renommés

SPLENDIDES ÉPREUVES D'ARTISTES

ET AVANT LA LETTRE

Lithographies, Photographies, Dessins
Tableaux

AUTOGRAPHES DE MUSICIENS

Cabinet de M. P.-J.-H. JEFFERYS

DONT LA VENTE AURA LIEU

HOTEL DES COMMISSAIRES - PRISEURS
RUE DROUOT, 5, SALLE N° 4
AU PREMIER ÉTAGE

Le Lundi 17 Mars 1873

A UNE HEURE TRÈS-PRÉCISE

Par le ministère de **Me ESCRIBE**, Commissaire-Priseur,
rue de Hanovre, 6,

Assisté de **M. VIGNÈRES**, Marchand d'Estampes,
rue de la Monnaie, 21 (ancien 13), à l'entresol.

EXPOSITION PUBLIQUE

Le Dimanche 16 Mars de 1 heure à 4 heures.

PARIS — 1873

CONDITIONS DE LA VENTE

L'ordre du Catalogue sera suivi.

Elle sera faite au comptant.

Les Acquéreurs paieront CINQ pour CENT, en sus des enchères.

M. VIGNÈRES, dirigeant la Vente, se charge des Commissions.

NOTA. Toute commission, sans prix fixé ou sans limite déterminée, sera regardée comme nulle.

M. VIGNÈRES se charge de faire marquer les prix aux Catalogues des ventes qu'il a faites. Les personnes qui le désirent peuvent s'adresser à lui *franco*.

Plusieurs Amateurs éloignés en ont reconnu l'utilité pour les guider dans leurs achats sur les valeurs des Estampes.

Les Catalogues des Ventes à faire seront envoyés aux personnes qui en feront la demande *affranchie*.

AVIS. — Nous prions MM. les Amateurs éloignés de ne pas attendre au dernier jour, pour que les lettres arrivent le matin de la Vente : ils comprendront que quelques lettres peuvent se lire, mais de 20 à 50 lettres, c'est difficile.

M. VIGNÈRES se charge des commissions dans les ventes de Livres et Estampes autres que les siennes.

Choix de Catalogues avec prix marqués.

Lines. 18.

Display 30 Rows 13 Lines 40
[illegible]

Row. 40. Lines 40 M PH.5 00

Rows. 13 Lines 10

(318e)

CATALOGUE

ESTAMPES MODERNES

1 **Allais** (Paul). Léda, manière noire d'après *Chopin*. Très-belle ép. avant la lettre. Signée, très-grand in-fol. toute marge.

2 **Anderloni** (Pierre). Assomption de la Vierge, au burin d'après *Guido Reni*. Belle ép. 1er tirage. très-grand in-fol. toute marge.

3 — Sainte Famille, au burin d'après *Raphaël*, Superbe ép. avant la lettre, très-grand in-fol. toute marge.

4 — Le Jugement de Salomon, au burin d'après *Raphaël*. Épreuve splendide de remarque avant la bordure, signée, très-grand in-fol. toute marge.

5 — Sainte Famille, burin d'ap. *Nicolas Poussin*. Très-belle ép. avant la lettre, in-fol. toute marge.

6 **Aubert**. Palestrina. Lithog. d'ap. *Heilbuth*. Superbe ép. sur chine, grand in-fol.

7 **Beaugrand**. Saint Augustin et sa mère sainte Monique, burin d'après *Ary Scheffer*. Splendide ép. d'artiste sur chine, les noms à la pointe, in-fol. toute marge.

8 **Bertinet**. L'Amour fraternel, d'ap. *Bouchereau*. Belle ép. in-fol. toute marge.

9 **Bervic**. Le Laocoon (au Vatican à Rome), burin, magnifique ép. d'artiste sur chine, signée.

10 — L'Enlèvement de Déjanire, d'ap. *Guido Reni*. 1e ép. avant le talon détaché de la draperie. — L'Éducation d'Achille, d'ap. *Regnault*. 2 splendides ép. au burin avant la lettre avec les noms d'artistes, in-fol. toute marge, très-rares.

11 **Bettelini**, 1818. La Madonna col divoto, burin d'ap. le *Corrége*. Très-belle ép. lettre grise grand in-fol. toute marge.

12 — L'Ensevelissement du Christ, burin d'après *André del Sarte*. Belle ép. in-fol. toute marge.

13 **Billoin**. La Sécheresse en Judée. Lithog. d'ap. *Portaels*, in-fol. Très-belle ép.

14 **Biondi**. La Vierge de Lucca, burin d'après *Raphaël*. Très-belle ép. petit in-fol. toute marge.

15 **Blanchard** père. L'Ange Gabriel, burin d'après *P. Delaroche*. Très-belle ép. in-fol. toute marge.

16 **Blanchard** (Auguste). Le Christ rémunérateur, burin d'ap. *Ary Scheffer*. Très-belle ép. avant la lettre, grand in-fol. toute marge.

17 **Blot**. Les Bergers d'Arcadie, burin d'ap. *N. Poussin*. Belle ép. très-grand in-fol. toute marge.

...ies 20 Herb. 50 M. P.H. 100. Houz 50

...ies 5

P.H. 200. Lies 15 Raw. 12.50 / 50. / 62.50

P.H 350 } 700

... 350 }

Lies 20

Lies 15

...ies 4.

Lies 3. [illegible]

...ies 16. Berard 30 Houz 20.

Hauy 15 Rom, 13 Lind 10

Hauy 15 [illegible] 15

Lind L

Rom, 13 Lind 12

Michel 6 O. Pap, 6

Hauy 20 Michel, 17

Berard 22 M. P. H. 8

Lind 16

18 **Bridoux.** La Vierge aux candélabres, burin d'ap. *Raphaël.* Très-belle ép. avant la lettre in-fol. toute marge.

19 — La Vierge dite Aldobrandini, au burin d'ap. *Raphaël.* Superbe ép. grand in-fol. toute marge.

20 **Burdet.** Psyché et l'Amour, au burin d'après *Picot.* Belle ép. avant la lettre, avec les noms d'artistes, grand in-fol. toute marge.

21 **Calamatta.** Le masque de Napoléon, au burin. Très-belle ép. avec les essais de burin sur les marges de la planche.

22 — Béatrice Cenci marchant au supplice, manière noire d'après *P. Delaroche.* Superbe ép. d'artiste avant la bordure et avant toute lettre. In-fol.

23 **Calame.** Paysages lithographiés. 6 p.

24 **Caron.** Le Christ à Gethsemani, burin d'ap. *A. Scheffer.* Superbe ép. avant la lettre, in-fol. toute marge.

25 **Caron** (A.). Marguerite sortant de l'église, burin d'ap. *A. Scheffer.* Superbe ép. sur chine avant la lettre (23), avec les noms d'artistes, grand in-fol. toute marge.

26 **Ceroni.** Ecce Homo, burin d'ap. *le Guide.* Ep. avant la lettre, chine, in-4, toute marge in-fol.

27 **Chatillon** Saint Michel terrassant le démon (Musée du Louvre), burin d'ap. *Raphël.* Ep. grand in-fol. toute marge.

28 — Endymion, burin d'après *Girodet.* Belle ép. lettre grise avant le nuage.

29 **Chenay** (Paul), John Brown. Fac-simile en manière noire d'ap. un dessin de *Victor Hugo*. In-fol.

30 **Clarot.** Portrait de Raph. Mengs. Manière noire. In-fol. avant toute lettre, collé.

31 **Cornelius** (D'après). Le Jugement dernier. Superbe composition grand in-fol., magnifique ép. sur chine avant toute lettre, toute marge.

32 **Cornienti.** Madonna al Fiore, burin d'ap. *Luini*. Belle ép. In-fol. toute marge.

33 **Cornillet** (A.). Mozart à Vienne. Manière noire d'après *Hamman*. Très-belle ép., immense in-fol. toute marge.

34 **Corrége** (D'ap. le). Jupiter et Io, manière noire. Grand in-fol. toute marge.

35 **Cousins** (Henry). Le jeune Milton à l'âge de 12 ans, manière noire. In-fol. d'ap. *Newenham*. Très-belle ép.

36 **Dalco.** Christ en croix, burin d'ap. *G. Reni*. Très-belle ép. in-fol., toute marge.

37 **Decamps** (D'ap.). Samson lithog. par *Leroux*. Superbe ép. très-grand in-fol. toute marge.

38 **Delacroix** (D'ap. Eugène). Medée, lithog. par *E. Lasalle*. Belle ép. sur chine, très-grand in-fol. toute marge.

39 — Dante et Virgile, lithog. par *E. Lassalle*, ép. d'artiste sur chine, très-grand in-fol. signée.

40 — Sardanapale. Superbe lithog. grand in-fol.

41 **Delaforge.** Ecce Homo, burin d'après *le Guide*. Belle ép. in-fol. toute marge.

10

~~plag 20~~

~~plag 10~~

4.

[illegible] Hong. 10 Liu

Hong 15 Row. 75 / 100 — 175 Liu 60 M.P.H. 2[illegible]

Hong 15 Liu 1[illegible]

[illegible] ~~Tayloy 100~~ Liu 1[illegible]

Michel. 110 R. 427. Row. 125 / 500 — 625 Bouvain 456 M.P.H. ~~5[illegible]~~ 45[illegible]

M.P.H. 40 Liu 1[illegible]

Hong 40 Hub. 50 Liu H[illegible]

42 **Demanez.** Godefroy de Bouillon, burin d'ap. le dessin de *Calamatta.* ép. petit in-fol. toute marge.

43 **Demarteau.** Portrait de Carle Vanloo, peintre à mi-corps. Fac-simile de dessin sanguine in-fol.

44 **Desmaison.** Une Larme de repentir. — L'Ange déchu. 2 lithog., coloriées d'ap. *Vidal.*

45 **Desnoyers** (Baron Boucher). Sainte Catherine d'Alexandrie, burin d'ap. *Raphaël.* Belle ép. petit in-fol. marge.

46 — La Vierge au linge, burin d'ap. *Raphaël.* Superbe ép. avant la lettre, in-fol. marge.

47 — La Visitation, burin d'ap. *Raphaël.* Belle ép. toute marge.

48 — Phèdre et Hippolyte, burin d'ap. *P. Guérin.* Superbe ép. lettre grise, très-grande marge.

49 — La belle Jardinière de Florence, burin d'ap. *Raphaël.* Très-belle ép. sur chine, in-fol. toute marge.

50 **Drevet.** Portrait de Bossuet en pied, burin d'ap. *Rigaud.* Splendide ép. de remarque avec le coup de lumière sur le fauteuil et les deux fautes dans la légende. In-fol.

51 **Dupont** (Henriquel). Vierge et Jésus, burin d'ap. *Raphaël* (dessin au Louvre). Très-belle ép. d'artiste sur chine.

52 — L'Ensevelissement du Christ, burin d'après *P. Delaroche.* Très-belle ép. d'artiste sur chine les noms d'artistes à la pointe. Grand in-fol. toute marge.

53 **Dupont** (H.). L'Hémicycle du palais des Beaux-Arts à Paris, burin d'ap. *P. Delaroche*. Magnifique ép. d'artiste sur chine en 3 feuilles, immense in-fol. toute marge, signée.

54 **Eichens**. La Madeleine au pied de la croix, manière noire d'ap. *Ary Scheffer*. Belle ép. petit in-fol., toute marge.

55 — Mater Dolorosa, manière noire d'ap. *Ary Scheffer*. Belle ép. in-fol. toute marge.

56 — La Conception, manière noire d'ap. *Murillo*. Très-belle ép. grand in-fol. toute marge.

57 — Florinde, manière noire d'ap. *Winterhalter*. Très-grand in-fol.

58 **Faed** (James). Evangeline (tiré du poëme de Longfellow), manière noire d'ap. *Thomas Faed*. Belle ép. grand in-fol. toute marge.

59 **Felsing**. Mariage de sainte Catherine, burin d'ap. le *Corrége*. Belle ép. in-fol. toute marge.

60 — Agar et Ismaël, burin d'ap. *Koeler*. Belle ép. in-fol. toute marge.

61 — Le Christ parmi les docteurs, burin d'ap. *Léonard de Vinci*. Tr.-belle ép. in-fol. toute marge.

62 **Folo**. Saint Michel terrassant le démon, burin d'après *G. Reni*. Ép. grand in-fol. toute marge.

63 **Forster**. Les trois Grâces, burin d'ap. *Raphaël*. Très-belle ép. lettre grise sur chine (avant la barre?). Toute marge.

64 — La Vierge au bas-relief, burin d'après *Léonard de Vinci*. Superbe ép. d'artiste, les noms à la pointe, dédicace à M. Dreux, signée, in-fol. toute marge.

P.H. [illegible]. Hurb. 380. Row. 100 (25 / 125) Bord. 450

[illegible] 10.

[illegible] 14. [illegible]

[illegible]. 5

[illegible] 30 Row. 80 (20 / 100) M.P.H. 500 [illegible] 225 [illegible] Michel [illegible]

Hong. 15 Rom. 13 Lund 1

Michel 18 Lund 30

Husb. 50

Hong 15 Lund 5

Hong 40. Lund 34

[illegible] Lund 4

Rom. 13. Lund 37

65 — L'Aurore et Céphale, burin d'ap. *P. Guérin.* Épreuve lettre grise.

66 — Uranie, burin d'ap. *Raphaël.* Très-belle ép. petit in-fol. toute marge.

67 — Sainte Catherine de Sienne enlevée par les anges, burin d'ap. le *Corrége*? Magnifique ép. d'artiste avant toute lettre, grand in-fol. sur chine toute marge.

68 **François** (Alphonse). Napoléon au mont Saint-Bernard, burin d'ap. *P. Delaroche.* Superbe ép. avant la lettre chine, très-gr. in-fol. toute marge.

68 *bis* — La Tentation du Christ, burin d'après *Ary Scheffer*, magnifique ép. avant toute lettre, sur chine, encadrée, très-grande marge.

69 **Girard** (F.). Les saintes Femmes sortant du tombeau du Christ. Manière noire d'ap. *A. Scheffer.* Belle ép. grand in-fol. toute marge.

70 — Portrait de M. Villemain, manière noire d'ap. *Ary Scheffer.* Belle ép. in-fol. toute marge.

71 **Girardet** (E.). Les Girondins se préparant à marcher au supplice. Manière noire, d'ap. *P. Delaroche.* Sup. ép. Immense in-fol. Toute marge.

72 **Gmelin.** Le Moulin : célèbre paysage au burin, d'ap. *Claude Lorrain.* Belle ép., lettre grise. Grand in-fol.

73 **Guidetti.** Vierge et Jésus. Burin d'après *Raphaël.* Superbe ép. avant la lettre, avec les noms d'artistes. Toute marge.

74 **Jesi.** Portrait de Léon X. Burin d'ap. *Raphaël.* Superbe ép. avant la lettre sur chine, signée. Très-grand in-fol., toute marge.

75 **Kaulbach** (D'après). Reproduction au burin des Fresques du musée de Berlin. — Bataille des Huns, par *Jacobi.* — Homère chez les Grecs, par *Eichens.* — La Séparation des races, par *Thater.* — Isis, par *Sachs.* — Vénus victorieuse, par *Seidel.* — La Peinture, par *Hebelmann.* — l'Architecture, par *Teichel.* — La Tradition, par *Jacoby.* — Solon, par *Hoffmann.* — Moïse, par le même. — L'Histoire, par *Jacoby.* — Combats d'enfants et Frises, 3 planches, par *Eichens.* En tout, 14 p. in-fol. Superbes ép.

76 **Keller.** La Dispute du Saint-Sacrement. Burin d'ap. *Raphaël* (au Vatican). Superbe ép. d'artiste, avec remarque. Immense in-fol. sur chine, toute marge.

A cette épreuve de remarque dont il n'existe que huit épreuves sur chine de cet état, est joint une lettre autographe signée de M. Keller, trois pages en français et une grande page autographe signée du même pour explication des quatre états différents et des prix de chaque classes d'épreuves. Ces deux pièces sont très-curieuses. Le prix de cette ép. est coté 300 écus de Prusse. Dusseldorf, 11 Avril 1858.

77 **Knolle.** Sainte Cécile touchant de l'orgue. Burin, d'ap. *Carlo Dolci.* Très-belle ép. d'artiste avant toute lettre. In-fol., toute marge.

78 **Laugier.** La mort de Léandre. Burin d'ap. *Delorme.* Ep. sur chine, in-fol.

79 **Laurens.** L'Ange du soir. Lithog. d'ap. *Cabanel.*

80 **Lecomte** (N.). La Vierge dite à la Perle. Burin d'ap. *Raphaël.* Très-belle ép. avant la lettre, sur chine. Grand in-fol., toute marge.

30 Berard 105 ~~Hong 300~~

P.H. 300. Hong 300

10

Potors

18 Row. 20 M. P. H. 80 Hong 20.

Lieu 50

Hong. 30. Rom. 40. Lieu 20

Lieu 8

Ultri 25
Sitin propre

~~Drapting 15~~ Rom 2.

Hong 15

Rom $\frac{125}{500}$ / 625 Lieu 100 M.P.H. 1000

Rom 13 Lieu 12

81 **Lefebvre** (A.). La Conception. Burin d'ap. *Murillo.* Superbe ép. très-grand in-fol., avant la lettre. Toute marge.

82 —La Sainte Famille, dite la Nuit. Burin d'ap. *Le Corrège.* Superbe ép. d'artiste sur chine. Le nom du graveur à la pointe. Grand in-fol., toute marge.

83 — La Vierge de Saint-Sébastien. Burin d'ap. *Le Corrège.* Superbe ép. sur chine.

84 **Leprix.** Médora, manière noire d'ap. *Ary Scheffer.* Grand in-fol., toute marge.

85 **Levasseur.** Ruth et Noémi. Burin d'ap. *Ary Scheffer.* Superbe ép. avant la lettre, sur chine.

86 **Levy** (Gustave). Portrait de Rembrandt, au burin, d'ap. lui-même, ovale, in-4. Toute marge, petit in-fol.

87 — La belle Jardinière. Burin d'ap. le tableau de *Raphaël* au Louvre. Très-belle ép. in-fol., toute marge.

88 **Lindemann Frommel** *pinx. et lithog.* Vue des Marais Pontins. Immense in-fol. chine. Toute marge.

89 — La Grotte des Capucins. Lithog. in-fol.

90 **Longhi.** Le Mariage de la Vierge. Burin d'après *Raphaël.* Magnifique épreuve d'artiste, avant la bordure, avant toute lettre. Très-grand in-fol. Toute marge. Très-rare.

91 **Lorichon.** La Vierge de l'Impannata. Burin d'ap. *Raphaël.* Superbe ép. d'artiste, sur chine. Grand in-fol. Toute marge.

92 **Lorichon.** La Vierge à la Bénédiction. Burin d'après *Raphaël.* Magnifique ép. avant la lettre. chine, avec remarque. Très-grand in-fol., toute marge.

93 **Louis** (Aristide). Mignon aspirant au ciel. — Mignon regrettant sa patrie. 2 pièces au burin, d'ap. *Ary Scheffer.* Superbes ép. avant la lettre (21). Les noms à la pointe.

94 — Le Christ mort. Burin d'après *Ary Scheffer.* Superbe ép. d'artiste sur chine, avant toute lettre. Toute marge.

95 **Luderitz.** L'Ange et l'Enfant, manière noire, d'ap. le dessin de *Kaulbach.*

96 **Mandel,** 1855. La Madonna Colonna. Burin d'ap. *Raphaël.* Belle ép., lettre grise, sur chine, signée. In-fol., toute marge.

97 — Jeune Chevrier italien. Burin d'après *Pollack.* Très-belle ép. Marge.

98 — La Madonna colle Stelle. Burin d'ap. *Carlo Dolci.* Belle ép. in-fol. Toute marge.

99 **Martinet.** La Vierge à la Rédemption. Burin d'ap. *Raphaël.* Très-belle ép. in-fol. sur chine. Toute marge.

100 — La Vierge au désert. Burin d'ap. *P. Delaroche.* Superbe ép. avant la lettre sur chine, les noms à la pointe. In-fol., toute marge.

101 — La Femme adultère. Burin d'ap. *Signol.* Superbe ép. avant la lettre sur chine, avec les noms d'artistes. In-fol., toute marge.

?.11. 180 Lin 30 Row. 20

80 Hong 81

ng 30

8

10 Hong 20

ng 10

8 Hong 10.

3 Hong 10.

10 Row 13 Hong 20

10 Row. 13

Houz 50. M.P.H. 80 Hurb. 120 Liw 32

Liw 16 M.P.H. 250

Row $\frac{8^2}{10}$. M.P.H. 200

Augi 70 Aman 25

Houz 50. Frere 250 M.P.H. ~~250~~

Row 20. Hurb. 120 Liw 32

Houz 40. Berard 33 Row. 18

Houz 5

102 — Charles Ier insulté par des soldats. Burin d'ap. *P. Delaroche.* Superbe et dernière ép. d'essai, signée. Avec la remarque du papier blanc, parterre à gauche. Grand in-fol., chine. Toute marge.

103 **Masquelier.** Le Christ mis au tombeau. Burin d'ap. *Raphaël.* Très-belle ép. d'artiste, le nom à la pointe. Très-grand in-fol. sur chine. Toute marge. Rare.

104 **Massard.** Enlèvement des Sabines. Burin d'ap. *David.* Superbe ép. avant la lettre. Rare.

105 — Atala. Burin d'ap. *Girodet.* Belle ép. in-fol.

106 **Mercury.** Portrait de Mme de Maintenon. Très-belle ép. d'artiste, de la 1re planche.

107 — Sainte Amélie, reine de Hongrie. Burin d'ap. *P. Delaroche.* Magnifique ép. d'artiste, signée.

108 — Portrait de Christophe Colomb. Burin superbe. Ép. d'artiste sur chine, avant la bordure. Toute marge.

109 — Jane Gray. Burin d'ap. *P. Delaroche.* Superbe ép. d'artiste, sur chine, avant toute lettre. Toute marge.

110 **Merz** (A.). La Destruction de Jérusalem. Burin d'ap. *Kaulbach.* Très-belle ép. chine. Immense in-fol.

111 **Metzmacher.** La Vierge au Linge. Burin d'ap. *Raphaël.* Très-belle ép. in-4, marge. Petit in-fol.

112 **Meunier.** Louis XVII au Temple. Burin d'ap. *Wappers.* Superbe ép. avant toute lettre, sur chine. In-fol., toute marge.

113 **Morghen** (Raphaël). Thésée vainqueur du Minotaure. Burin d'ap. le groupe de *Canova.* Très-belle ép. Marge.

114 — Portrait de Michel-Ange. Burin d'après lui-même. Très-belle ép. in-4, marge. Petit in-fol.

115 — La Poésie. — La Philosophie. — La Théologie. — La Justice. 4 p. au burin, d'ap. les fresques de *Raphaël.* In-fol. Belles ép.

116 — La Fornarina. Burin d'ap. *Rapkaël.* In-4, marge. Petit in-fol.

117 — Le Christ en buste, tiré du tableau de *Léonard de Vinci,* où il se trouve au millieu des docteurs. Très-belle ép. d'artiste avant toute lettre. Toute marge.

118 — Portrait de Boccace. Lettre grise, in-4, marge. Petit in-fol.

119 — La Vierge au Sac. Burin d'ap. *André del Sarte.* Superbe ép., lettre grise. Grand in-fol., toute marge.

120 — La Transfiguration. Burin d'ap. *Raphaël.* Très-belle ép., lettre grise. Grand in-fol., très-rare.

121 — La Vierge à la Chaise, d'ap. *Raphaël.* Lettre grise. In-fol., belle ép.

122 — Diane et ses Nymphes au retour de chasse. Burin d'après *Dominiquin.* Très-belle ép. Très-grand in-fol., toute marge.

~~nlay… 15~~

…d 25 Michel 17

…d 15

55.

…d 50

…d 25

…rand 25

France

M. P. H. 20 Rom.

Lino

Bachi.

Chal.

Lino

123 **Muller.** Saint Jean évangéliste. Burin d'ap. *Dominiquin.* Superbe ép. avec l'année 1808. Pièce très-rare. Toute marge.

124 — Le même, année 1812. Belle ép., toute marge.

125 **Neef** (d'après). L'Ange à l'Encensoir, par *Garnier.* — L'Ange du Repentir, par *Manigaud.* 2, manière noire. Grand in-fol., toute marge. Très-belles ép.

126 **Pannier.** Portrait de van Dyck. Burin d'après lui-même. Ép. d'artiste, sur chine, (39). Signée toute marge.

127 — Portrait de Gérard Dow. Belle épr

128 **Perfetti.** La Sybille de Cumes. Burin d'ap. *Le Dominiquin.* Très-belle ép. sur chine, toute marge.

129 — Vierge. Burin d'ap. *Raphaël.* Très-belle ép. sans lettre, avec les noms d'artistes.

130 **Pichard.** Molière chez son barbier. Manière noire, d'ap. *Vetter.* Petit in-fol., très-belle ép. Toute marge.

131 **Porporati.** Le Coucher, d'ap. *Vanloo.* Superbe ép. avant toute lettre.

132 **Randel.** Mozart à la répétition. Burin d'ap. *Borckmann.* In-fol., toute marge.

133 **Revel.** La Cruche cassée. Burin d'ap. *Greuze.* Très-belle ép. avant la lettre, sur chine (19). Petit in-fol. Toute marge.

134 **Richomme.** Thétis portant les armes d'Achille. Burin d'ap. *Gérard.* Belle ép. in-fol., toute marge.

135 **Richomme**. La Vierge au Livre. Burin d'ap. *Raphaël*. Très-belle ép. d'artiste (36) sur chine, *ex-dono* à M. Leisnier.

136 — Sainte Famille, d'ap. *Raphaël*, dite de François Ier, au Musée du Louvre. Superbe ép. d'artiste, les noms d'artistes à la pointe. 1822. In-fol., toute marge, très-rare.

137 — Adam et Ève. Burin d'ap. *Raphaël*. Très-belle ép., lettre grise.

138 **Ricciani**. Le Triomphe de Galathée. Burin d'ap. *Raphaël*. Très-belle ép., lettre grise. Grand in-fol., toute marge.

139 **Rordorf**. Sainte Élisabeth. Burin d'ap. *Ittenbach*. Belle ép.

140 **Saint-Ève**. La Vierge au Donataire. Burin d'ap. *Raphaël*. Très-belle ép., petit in-fol. Toute marge.

141 **Schiavoni**. L'Assomption de la Vierge, burin d'ap. le chef-d'œuvre du *Titien*. Très-belle ép. cintrée, très-grand in-fol., toute marge.

142 **Seidel**. Portrait de Mendelssohn. Superbe ép. d'artiste, avant toute lettre, signée, toute marge. Très-rare.

143 **Soulanges-Teissier**. Saint François d'Assise mourant. Lithog., d'après *Benouville*. Très-belle ép., très-grand in-fol. sur chine, toute marge.

144 — Mort de saint Pierre de Vérone. Lithog., d'ap. *Lafont*. In-fol.

145 — Le Moine in pace. Sup. lithog. sur chine.

146 **Stang**. La Vierge et Jésus (Genitrix), burin d'ap. *Deger*. Belle ép., petit in-fol., toute marge.

… 17. Row. 13.

P.H 150. … 205.

… 6.

P.H. 80 Duplay 40

Rom. 13
16

Bom. 13

Lino 6

[illegible]ess. 12 Duplay 15

Lino 25

Lino 50

Lino 30

147 **Steinla** (M.). Le Massacre des Innocents, d'ap. *Raphaël*. Belle ép. avant la lettre, avec les noms d'artistes, gr. in-fol. sur chine, toute marge.

148 **Steinmuller**. La Vierge et deux Saintes, d'ap. le tableau du *Perugin*, du musée de Vienne. Superbe ép. avant toute lettre, toute marge.

149 — La Vierge à la Prairie, burin d'ap. le tableau de *Raphaël*, au musée de Vienne. Très-belle ép., très-grand in-fol.

150 **Sudre**. Portrait de Cherubini, lithog. d'après *Ingres* (110). Superbe ép. avant la lettre, chine, toute marge.

151 **Toschi**, Descente de croix, burin d'ap. *Daniel de Voltaire*. Belle ép., très-grand in-fol., toute marge.

152 — Le Spasimo de Sicilia, burin, d'ap. *Raphaël*. Très-belle ép., lettre grise, très-grand in-fol., toute marge.

153 **Travalloni**, 1843, élève de Toschi. L'Annonciation, burin, d'ap. le *Guide*. Superbe ép. d'artiste, le nom à la pointe, avant la bordure, gr. in-fol., signée.

154 **Weber** (I.). Portrait de Canova, burin d'ap. *Gérard*. Ovale in-4, petit in-fol. toute marge.

155 **Wille** (J.-G.). La Dévideuse, burin, d'ap. *Gérard Dow*. Petit in-fol.

156 **Lithographies**. Tête de Christ, par Chevalier, d'ap. *P. Delaroche*. — Saint Bernard. — Saint Louis, par *Llanta*, sur chine. — Christ-Sauveur, par Clauder, d'ap. *Jacobs*, sur chine. 4 p. in-fol.

157 — Portraits de musiciens: Meyerbeer et autres. In-fol. 12 p.

158 — Mystères des bois, par *Felon*, Sylphides de *Bargues*. 8 Sujets de baigneuses coloriés et 3 en noir, dont Vénus au bain, d'ap. *Prud'hon*. En tout 11 p., petit in-fol.

159 — Très-beaux Paysages coloriés : vues du Rhin, Naples, etc. Petit et grand in-fol. 16 p.

160 — Erigone, Nyssia, premier Rayon, le Boudoir, Il est trop tard, l'Aurore, le Piége. 7 p. in-fol. coloriées, Charmants sujets gracieux.

161 **Portraits** d'acteurs, littérateurs, musiciens et autres célébrités. 26 p.

162 **Photographies**, d'ap. les dessins originaux de *Kaulbach*, sur la vie de Gœthe : Enfant écoutant un ange qui pince de la guitare. — L'Ange couronnant Gœthe. — Peines de la jeunesse de Gœthe. 3 magnifiques compositions. Très-grand in-fol.

163 — Charlemagne convertissant Wittikind à la religion chrétienne. — Mort de César. 2 p. in-fol., d'ap. les dessins de *Kaulbach*.

164 — Immaculée Conception, d'ap. *Guido Reni*. In-fol.

165 — Immaculée Conception, d'ap. l'original de *Murillo*. In-fol. par Bingham.

166 — Faune de Praxitele, au Vatican. — Bacchus. — Vénus victorieuse, de *Canova*. — Apollon de la villa Borghése. — Apollon et Daphné, de *Bernini*. 5 p., d'ap. les originaux à Rome.

mot. 10.

Papi 12.

1. 10

Madame

Lapel. 350

[illegible] Ubia 6c

[illegible]

167 — Le Christ en croix, d'ap. *Le Guide*, à l'église Saint-Laurent. — La Mise au tombeau, d'après l'original de *Raphaël*, de la galerie Borghèse. — L'Amour sacré et l'Amour profane, d'ap. *Titien*, galerie Borghèse. 3 p., d'ap. les originaux.

168 — Faust au combat. — Faust au sabbat, par Bingham, d'ap. les superb. dessins de Chifflard. 2 p. gr. in-fol.

169 **Dessins**. Paysages, charmantes Aquarelles de différents auteurs. 5 p. in-4.

170 — Paysages, gr. in-fol. 2 aquarelles superbes.

171 PAULSEN, 1859. Portrait de la comtesse Potocka. Belle aquarelle in-4.

172 ROHLFS. Têtes de chiens, renard, perdrix, etc. 8 dessins et aquarelles in-4.

TABLEAUX

173 Le Violoniste. Belle copie à l'huile du célèbre tableau de Raphaël. 66-52 cent. Cadre riche, doré.

SCHEFFER (Ary)

174 Esquisse à l'huile pour son tableau du Christ mort. Joli cadre gothique.

PEINTURES SUR PORCELAINES

175 La Madeleine lisant, du Corège. Cadre doré.

175 *bis*. Les Chrétiens quittant Jérusalem, d'après Kaulbach. Cadre doré, riche.

AUTOGRAPHES

176 **Anne de Bretagne**, femme de Charles VIII et de Louis XII. Lettre autog. à son cousin, le vicomte de Rohan. Belle et rare pièce.

177 **Auber**, compositeur. Lettre autog. signée. 1 petite page.

178 **Bach** (J.-S.). Partie de cor d'une de ses symphonies. Autog.

179 **Baillot**, célèbre violon. Jolie L. A. S. à M. Miel, 10 février 1830. 3 pages.

180 **Beethoven** (J. Van). Autog. de musique. 8 p. in-fol. des motifs principaux du grand trio, op. 97, avec 2 portraits et attestation de B. André.

181 **Berger** (Louis), célèbre pianiste et comp., né à Berlin, en 1777, mort en 1839. Sonate de 19 pag. de musique et une grande p., paroles et musiq., 19 octobre 1819.

182 **Berton**, célèbre compositeur. L. A. S., à M. Duverger, assez amusante, juin 1839.

183 **Bohrer** (Les frères), célèbres violon. 2 lettres autog. à M. Auber, au rédacteur du *Journal des Annales*, et programme autog. d'un concert. 4 pièces.

184 **Boïeldieu** (Adrien), célèbre comp. Belle et longue lettre autog., signée à M. Lambert, intime. 4 pages et quart, décembre 1831.

6.

...in 3.50

6.

...n. 2.50

5. Hong 5.

Lind 5

Pelissier 1.50

Pelissier 2.50

Pelis, 2.50 Lind 5

Pelissier 1.50

Pelis 1.50

185 — L. A. S. à M. Duverger. 1 page.

186 **Cherubini**, célèbre comp. L. A. S., à M. Halevy père. 1 page.

187 **Choron** (A.), comp. L. A. S., au Ministre, au sujet d'un nouveau système choral, 4 août 1812. 3 pages.

188 **Cramer** (J.-B.), célèbre pianiste et comp. Morceau autog. pour piano, dédié à MM. Hervey. 8 pages. Belle pièce.

189 **David** (Ferd.), violon. comp. L. A. S. en allemand, 7 mai 1843. 2 pages.

190 **Duport** (J.-L.), dit Cadet., célèbre violon. comp. L. A. S. à Imbault. Postdam, 29 juin 1805. Belle et rare coll. Norblin et Hervey. 3 grandes pages et portrait.

191 **Ernst**. Le Roi des violons. L. A. S. en allemand. 3 pages et demies à M. Kolb, détails intimes. Aix-la-Chapelle, 16 août 1844.

192 **Ferni** (Les sœurs), célèbres violonistes. Fragment musical, aut. sig. des deux sœurs. 1 p. in-4.

193 **Fumagalli** (Adolphe), célèbre pianiste. L. A. S., 3 mai 1833. 2 pages et demie, à Madame, intéressante.

194 **Garat**, célèbre chanteur, jolie L. A. S. à M. Lambert le remercie d'une romance. 1 page, sans date.

195 **Ghys** (F.), célèbre violon. belge. L. A. S., à M. Marcelin Compans. Paris, 16 février 1835, très-intéressante. 3 pages.

196 **Giardini** (F.), célèbre violon. et comp. L. A. S. en anglais, Londres, 29 décembre 1783. C'est une affaire délicate que le choix d'un violon, etc. 1 page.

197 **Gossec**, comp. L. A. S., à M. P. Frigel, Paris, 26 germinal, an VII. 2p. in-4, relatives à sa nomination à l'académie de Stockholm. Intéressante.

198 **Gretry** (A.-M.), célèbre comp. de Richard-Cœur-de-Lion. L. A. S. au ministre, 4 floréal, an VIII. 2 p. petit in-4, relatives à sa pension et ses honoraires d'Anacréon et de Panurge.

199 **Habeneck**, célèbre chef d'orchestre, violon., comp. L. A. S., 16 mars 1837. Mon cher ami. 1 p. in-4.

200 **Halévy** (F.), comp., auteur de la Juive. Jolie L. A. S., 6 sept. 1 p. in-8.

201 **Henselt**, célèbre pianiste, comp. L. A. S. en allemand. 3 pages.

202 **Hiller** (Ferd.), comp. L. A. S., 17 mai 1818, en allemand. 2 grandes pages.

203 **Hoffmann**. Petite L. A. S. en allemand.

204 **Hummel** (J.-N.), comp. et célèbre pianiste. Belle L. A. S., 28 juin 1835, en allemand, à Mlle Zizius.

205 **Joachim** (J.), célèbre violon. L. A. S. en allemand. Hanovre, 2 mai 1853. Intéressante. Il se souvient de la direction de Liszt, à Weimar.

in 2 50

.5 Veyds 12

in 2 50

w 5

io 5

o 5

io 3 Pelin. 1 50

Olive 50 Jambon 50

Pelouse 3 50

Olivier 125 Veyer. 60 Auge 150

Veyer. 14

206 **Kirnberger** (J.-P.), organiste, comp. distingué. L. A. S. en allemand. Berlin, 29 avril 1777. Très-intérassante, belle et rare de la collection Falkenstein et C. Hervey.

207 **Kucken**, comp. distingué. L. A. S. en allemand. 1 page.

208 **Labarre**. (Th.), célèbre harpiste, comp. L. A. au baron de Trémont. 3 p. in-8. — Félix Godefroid, harpiste. L. A. S. à son ami Gatayes Puteaux, 31 octobre 1854. 1 page in-8.

209 **Laborde** (Jean-Benjamin de), comp. et écrivain sur la musique, premier valet de chambre de Louis XV. L. A. S. à Voltaire. De Fontainebleau, 26 octobre 1765. Très-belle et très-intéressante. 4 grandes pages pleines.

210 **Lafont**, célèbre violoniste et comp. L. A. S. à M. l'évesque, maire de la ville de Nantes. 3 pages.

211 **La Fontaine** (Jean de), célèbre fabuliste. *Sur la naissance de Monseigneur le duc de Bourgogne*. Pièce de 30 vers, autog. terminée par un envoi de 5 vers, autog. signée à Mme la Dauphine. 2 pages in-fol. Superbe pièce (le papier est brisé à trois lignes par l'action corrosive de l'encre.)

212 **Lesueur** (J.-F.). L. A. S. à S. Excellence le Ministre des cultes, 27 avril 1812. Très-belle lettre d'un haut intérêt musical. 3 grandes pages pleines.

213 — L. A. S. à M. le comte de Lacépède. 1 page pleine.

214 **Listz** (Franz), célèbre pianiste, comp., L. A. S. en allemand, à son maître, 27 août 1851. 1 page et demie.

215 **Litolff** (H.), comp., pianiste célèbre. Le Retour, morceau autog. pour piano. Op. 63. Brunswick, 13 novembre 1850. 3 p. autog. sign.

216 **Marschner** (Henri), comp. L. A. S. à M. Zirges, en allemand. Hanovre, 3 octobre 1845. Intéressante. 1 page et portrait gravé.

217 — L. A. S. Hanovre, 30 juillet 1838, en allemand. 1 grande page.

218 **Mattheson**, savant musicien, ami de Haendel, en allemand, 7 déc. 1752. Fragment autog.

219 **Mendelssohn**. L. A. à Mlle O'Connor. 1 page.

220 — Bartholdy, célèbre comp. L. A. S. à Léonard. Cologne, 16 juin 1846. 1 page.

221 **Meyerbeer**, aut. des Huguenots. Petite L. A. S. à son cher maître (en français). — L. A. S. en allemand. 1 grande page.

222 — L. A. S. à son cher collaborateur (G. Delavigne). Londres, 23 mai 1832. Du plus haut intérêt, entièrement relative aux huguenots, des collections de Lajarriette et Hervey. 4 grandes pages pleines.

223 **Milanolo** (Thérésa). L. A. S. à sa bonne petite maman. Heidelberg, 28 janvier 1843. Charmante et rare. 7 petites pages. Collection Nasse et Hervey.

224 **Milanolo** (Maria), sœur et élève de la précédente. Fragment musical, A. S., collection Falkenstein et Hervey. Portrait des deux sœurs.

5

4,

1.50

1.50

Pelisi 2 50

Vegdr 15 Lnio 4

225 **Morlacchi**, comp. et poète. L. A. S. Carlsbad, 10 juin 1834. 3 p. en italien.

226 — L. A. S. à M. Ricci. Dresde, 5 janvier 1820. Très-belle lettre en italien, très-intéressante. 3 grandes pages. pleines. Portrait gravé.

227 **Moscheles** (Ignace), comp. et pianiste éminent. L. A. S., en allemand à son cher et vieil ami. Leipzig, 21 septembre 1852. Très-jolie lettre. 3 pages.

228 **Mozart** (W.-A.), le plus savant musicien du XVIIIe siècle, autog. d'un quatuor pour instruments à cordes, en si B. 28 pages, c'est le n° 10 de la collection pub. par Peters, de Leipzig, composé en 1773 (Superbe).

229 **Nardini** (P.), comp. et célèbre violon. L. A. S. en italien, à M. J. Otter. Florence, 27 mai 1783. Très-rare.

230 **Neukomme** (Sigis.). L. A. S. à Choron, au sujet d'une messe qu'il envoie. 4 pages intéressantes.

231 **Onslow** (Georges), célèbre comp. Thème de l'adagio à son ami Trémont. 5 pet. pages autog. — Clermont, 2 février 1848. L. A. S. — Paris, 5 mars 1832, à M. Kistner. 3 p. L. A. S. — Chalendrat, 27 août 1835, à M. le baron de Trémont. L. A. S. 3 pages 4 p. des collections Trémont et Hervey.

232 **Paer** (Ferd.), célèbre comp. L. A. S. au duc de... Paris, 30 juillet 1833. Belle et curieuse; collection de Lajariette et Hervey. 3 grandes pages.

233 **Paganini** (N.), le plus célèbre violoniste de l'Europe. L. A. S. en italien. 1 page.

234 — L. A. S. en italien. A son ami Philippe Zaffarini. Nice, 13 janv. 1840. année de sa mort. 2 pages pleines. In-4. Belle lettre.

235 — L. A. S. en italien. 12 décembre 1827. 1 grande page.

236 **Paisiello** (G.). L. A. S. Naples, 13 février 1811, en italien. 3 grandes pages pleines, portrait gravé.

237 **Pleyel** (Mme). Camille Moke. 2 L. A. S. à M. le baron de Trémont, intimes. (1830-34), des collectious Trémont et Hervey.

238 **Pleyel** (Ignace), comp. et musicien célèbre. L. A. S. à Dalayrac. 19 décembre 1806. 1 grande page et demie et portrait rare.

239 **Reissiger**, comp. L. A. S. en allemand. 8 avril 1351.

240 **Rode** (P.). L. A. S. à Monseigneur, relative à sa promotion à l'ordre de la Légion d'honneur. Bordeaux, 26 avril 1828.

241 **Romberg** (B.). L. A. S. Berlin, 2 février 1807. 1 page en allemand.

242 **Rossini**, célèbre maestro. Petite L. A. S., 18 août 1836, à M. Novelli.

243 **Salieri** (Antonio), premier maître de chapelle de l'Empereur d'Autriche, célèbre violon. L. A. S. aux directeurs de la gazette musicale de Leipzig, très-curieuse et intéressante sur la musique. 3 p. et demie en italien et la traduction.

ein. 3.50

5 ou

ou

10,

3.50

4.

3. Pelin 2.50

Peters 3.

Peters. 1.

Peters. 2. 5

Heyd. 22

Peters 1..

Peters 5. 5

244 **Schumann** (Clara), célèbre pianiste. L. A. S. en allemand et 2 portraits. — Robert. L. A. S.

245 **Sivori**, cèlèbre violon. Charmante L. A. S. Consolations à un désespéré qui veut se suicider. 3 p. 31 août 1855.

246 **Spohr** (Louis), comp. et violon. célèbre. Pièce de vers en allemand. A. S. Cassel, 3 mai 1842.

247 **Spontini**, comp. célèbre. L. A. S. Berlin, 31 mai 1826.

248 **Tartini** (Giuseppe), célèbre violon. L. A. S. en italien. 1 p. très-rare et portrait.

249 **Vernet** (Joseph, Carle et Horace). Joseph, L. A. S. 1 p. et demie, à la suite Carle écrit et signe 25 lignes, et Horace authentique cette lettre de son grand-père et son père par 6 lignes. Aut. S. très-intéressante — Carle à M. de Dolomieu. L. A. S. 2 p.

250 **Vieux-Temps**, célèbre violon. A Sa Majesté.— L. A. S. en allemand. 2 p.

251 **Viotti** (J.-B.). Précis de sa vie. Aut. S. 8 p. in-fol. et demi très-intéressante, remise à Hambourg à M. Mac-Grégor, pour sa justification. Três-belle pièce.

252 **Vogler**, comp. L. A. S. Darmstadt, 8 oct. 1807, en allemaud. 4 pages; charmante et rare.

253 **Voltaire**. Pièces aut. sig. Transport au libraire Prault du privilége pour l'impression de Tancrède. Ferney, 16 juin 1761. Cachet aux armes. Fort belle et rare pièce. Curieuse.

Il énonce ces titres : Gentilhomme de la Chambre du Roi, Membre de l'Académie, Seigneur de Ferney, Caille, Tourney, etc.

254 **Wagner** (A.), célèbre comp. L. A. S. en allemand. 24 déc. 1841.

255 **Weber** (C.-M.), aut. de Freyschutz. L. A. S. à son ami. Dresde. 21 mars 1825.

---

256 Deux très-grands Portefeuilles de la collection.

Ves Renou, Maulde et Cock, imprs de la Cie des Commissaires-Priseurs, rue de Rivoli, 144. 28312

Annonces	Moniteur	27 janvier	16	partie
	— — —	2 Fevrier	20	partie
	Messager	21 Fevrier	22	entière
	Soleil	28 Fevrier	..	
	Chronicle des arts	15 Mars	18	entière

affranchissement des catalogues

688	Amerique, Etranger, France Paris nouveaux	66 - 20
160	Distribués à Paris, Lasquien	5 -
848		
	7 Mains papier chemises [illegible]	10 - 50
10 %	Honoraires de Vignères	986 - 85
		1144 - 55

Monsieur.

Je viens de recevoir votre lettre, j'écris par le même courrier à Mr Esnibe de m'envoyer le résultat net de notre exécution. Je vous prie de bien vouloir mettre les gravures que vous m'avez gardées, dans le portefeuille qui nous reste. Dans quelques jours j'enverrai prendre le tout par mon domes=
=tique. Vous aurez l'obli=
=geance cependant de

ivrer les deux gravures
achetées par mon Frère
c'est-à-dire le St Jean de
Muller et la Ste Amélie.
Je vous demanderai
probablement de les
faire convenablement
emballer, roulées dans
un rouleau de bois garni
et enfermées dans un
étui de zinc, ou bien
simplement, comme elles
sont de petites dimensions,
emballées entre deux
planchettes et renfermées
hermétiquement dans
de la toile cirée ou goudronnée.
Avant de les mettre
en route cependant
il faut que je prenne
les instructions de mon
Frère, quant au mode
d'envoi.

Je vous prie de garder
le catalogue à prix marqués
jusqu'à ce que j'aie une
occasion d'envois de livres
de Paris, ce qui ne tardera
pas, je pense.

Agréez en attendant,
Monsieur, l'expression
de mes civilités.

P. J. H. Oppergo

Anvers 22 Mars 1873.

www.ingramcontent.com/pod-product-compliance
Ingram Content Group UK Ltd.
Pitfield, Milton Keynes, MK11 3LW, UK
UKHW021314190726
13839UKWH00007B/1348